BEI GRIN MACHT SICH IHR WISSEN BEZAHLT

- Wir veröffentlichen Ihre Hausarbeit, Bachelor- und Masterarbeit

- Ihr eigenes eBook und Buch - weltweit in allen wichtigen Shops

- Verdienen Sie an jedem Verkauf

Jetzt bei www.GRIN.com hochladen und kostenlos publizieren

Bibliografische Information der Deutschen Nationalbibliothek:

Die Deutsche Bibliothek verzeichnet diese Publikation in der Deutschen Nationalbibliografie; detaillierte bibliografische Daten sind im Internet über http://dnb.d-nb.de/ abrufbar.

Dieses Werk sowie alle darin enthaltenen einzelnen Beiträge und Abbildungen sind urheberrechtlich geschützt. Jede Verwertung, die nicht ausdrücklich vom Urheberrechtsschutz zugelassen ist, bedarf der vorherigen Zustimmung des Verlages. Das gilt insbesondere für Vervielfältigungen, Bearbeitungen, Übersetzungen, Mikroverfilmungen, Auswertungen durch Datenbanken und für die Einspeicherung und Verarbeitung in elektronische Systeme. Alle Rechte, auch die des auszugsweisen Nachdrucks, der fotomechanischen Wiedergabe (einschließlich Mikrokopie) sowie der Auswertung durch Datenbanken oder ähnliche Einrichtungen, vorbehalten.

Impressum:

Copyright © 2017 GRIN Verlag
Druck und Bindung: Books on Demand GmbH, Norderstedt Germany
ISBN: 9783668690226

Dieses Buch bei GRIN:

https://www.grin.com/document/421629

Janos Pletka

Kritische Anmerkungen zur objektiven Hermeneutik

GRIN Verlag

GRIN - Your knowledge has value

Der GRIN Verlag publiziert seit 1998 wissenschaftliche Arbeiten von Studenten, Hochschullehrern und anderen Akademikern als eBook und gedrucktes Buch. Die Verlagswebsite www.grin.com ist die ideale Plattform zur Veröffentlichung von Hausarbeiten, Abschlussarbeiten, wissenschaftlichen Aufsätzen, Dissertationen und Fachbüchern.

Besuchen Sie uns im Internet:

http://www.grin.com/

http://www.facebook.com/grincom

http://www.twitter.com/grin_com

Kritische Anmerkungen zur objektiven Hermeneutik

Von Janos Pletka, 2007 488

Seminar: Qualitative Datenauswertung

Die folgenden Ausführungen stellen einen Gedankengang dar hinsichtlich des qualitativen Verfahrens der objektiven Hermeneutik. In unserer Präsentation wurde eine Methode deklariert und beschrieben, die mir im Nachhinein meine anfänglichen Zweifel an Methodik und Aussagekraft wieder ins Gewissen riefen. Die folgenden Ausführungen versuchen unter Heranziehung wissenschaftlicher Quellen ein kritisches Abbild der objektiven Hermeneutik zu formulieren.

Zur Offenheit qualitativer Methoden

Qualitative Verfahren haben junge Soziolog*innen gelernt, zeichnen sich insbesondere durch ihre prinzipielle Offenheit aus in Theorie wie Methodik. Doch wer einen Blick auf das Verfahren der objektiven Hermeneutik wirft, der wird an die Grenzen dieser Offenheit stoßen.

Dem freien Beobachten oder der freien Formulierung von Fragen steht ein Auswertungsverfahren gegenüber, dass auf Rekonstruktionen und Strukturgeneralisierungen baut. Wo sich die Offenheit der Methode wiederfinden soll, daran erhitzen sich die Gemüter. Dass die Methodik an sich offen ist, ist nicht zu bestreiten. Es geht mir in der Frage der Offenheit mehr um das Gesamtkonzept des Forschungsansatzes und der Forschungslogik.

Es geht der objektiven Hermeneutik sehr um Regelsysteme, Gesetzmäßigkeit und Rekonstruktion von Bedeutungsstrukturen. Dies erfüllt in zunehmendem Maße immer weniger die *qualitative Hoffnung* in der qualitativen Methodik, nämlich neues zu entdecken, explorativ zu neuen Schlüssen und Ableitungen zu gelangen. Kennzeichen der qualitativen Forschung ist es ohnehin, keine starren Beobachtungsraster (Flick 2000: 23) zu fördern, sondern den Forschungsprozess so offen wie möglich zu gestalten.

Objektive Hermeneutik – ein objektives Verfahren?

Ist die objektive Hermeneutik eigentlich objektiv?

Objektivität strebt immer die *Standardisierung* der Situation an, während die Subjektivität im Rahmen der qualitativen Sozialforschung die Beobachtungsleistungen von Beobachtern und Beobachteten betont (Subjekt – und Identitätsleistungen). In der qualitativen Forschung wird das Element des Objektivitätskriteriums auf die intersubjektive Nachvollziehbarkeit übertragen, Ergebnisse sind dann objektiv, wenn die Forscher*Innen sie teilen und reflexiv nachvollziehen können. Die objektive Hermeneutik läuft Gefahr, dass diese intersubjektive Nachvollziehbarkeit doch verwässert wird, da die Paradigmen von Ideologiefreiheit und neurotischen Konflikten nicht vollständig objektiviert anwendbar sind. Das Problem dieses Verfahrens ist auch, dass die Rekonstruktion objektiver Strukturen in der Interpretation variieren kann. Je nachdem, wie ich meine Fragestellung und den Gegenstand festlege, kann der objektive Hermeneut nicht nur verschiedene Schwerpunkte setzen, sondern auch in der inhaltlichen und formalen (Prinzipienanwendung) Analyse von der intersubjektiven Nachvollziehbarkeit abweichen.

Die Fixierung der objektiven Hermeneutik auf Strukturen, die eine hohe Generalisierbarkeit aufweisen sollen, ist allgegenwärtig. Sehr schnell wird von bestimmten Deutungsstrukturen auf „hoch generalisierbare stabile Strukturen geschlossen" (Schneider 2004: 195). Die Ausrichtung auf Methodologie durch die objektive Hermeneutik versucht sich als empirische Forschungsmethode Geltung zu verschaffen, doch auf die Schwächen, Grenzen und Risiken dieser Strukturfixierung möchte ich im Folgenden eingehen.

Oevermann (auf den die Schule der objektiven Hermeneutik zurückgeht), unterscheidet methodologisch zwischen *latenten Sinnstrukturen und manifesten Strukturen*. Beide Strukturebenen sollen unabhängig von subjektiven Dispositionen und mentalen Repräsentanzen betrachtet werden. Die manifeste Struktur ist die verobjektivierbare Struktur. In der latenten Sinnstruktur ist ein Interpretationsspielraum wie im Beispiel der Mutter-Kind-Interaktion mit dem Brot-Schmieren. Die Sichtbarmachung objektiver Bedeutungsstrukturen zeigt in diesem Beispiel auf, dass die Mutter sich völlig ignorant den Bedürfnissen des Kindes gegenüber bewegt. Nicht die Aktion an sich ist bedeutungsgebend, sondern der Rahmen, in der Sie sich manifestiert und die Sinnlegung, die wir aus dieser Interaktion bilden können.

Der Sinn einer Sache wird durch die Analyse von Strukturen erst zugänglich gemacht. Damit weicht die objektive Hermeneutik nicht von der Systemtheorie ab. Der Sinn ist durch Strukturen eingebettet und wird damit verstehbar, wenn man nur die Strukturen generalisierbar und rekonstruierbar analysieren kann. Wie aber kann der objektive Hermeneut, auf den als Person kritisch noch später einzugehen ist, die Strukturgesetzlichkeit aus der Lebenspraxis ziehen? Oevermann nimmt an, dass der Mensch ein *regelgeleitetes Urteilsvermögen* aufweist, dass er eine explizite Kenntnis impliziter Regelsysteme verfügt. Die Bedingungen dieser auch als „Normalitätserwartungen" bezeichneten Regelsysteme entstammen den Sozialisationsbedingungen von Teilnehmern und Interpreten. Die konkrete Gefahr ist hierbei, dass der Hermeneut nicht etwa die eine *objektivierte Mitte* aus verschiedenen Normalitätserwartungen trifft. Die objektive Hermeneutik nimmt hier an, dass es universale Regeln in der Gesellschaft gibt, die sich als konstitutiv für die Interaktion von Menschen erweisen. Das Beobachtungsschema ist dabei kein Bewertungsschema, sondern es hat vielmehr die Bedeutung eines Detektors für Differenzen aus Normalitätserwartungen- und Standards. Im Gegensatz zu Luhmann sind für Oevermann die Strukturen nicht besonders vergangenheitsabhängig, sondern mehr situativ wandelbar und aus einer spezifischen Situation ergibt sich ein eindeutig determiniertes Verhalten. Die objektive Hermeneutik geht davon aus, dass sich Strukturen *relativ invariant* reproduzieren, d.h. sie wechseln nicht so schnell, man kann Sie ein Stück weit erfassen und einhegen.

Die Frage bei der objektiven Hermeneutik ist, inwiefern sie wirklich abbildungsgetreu die latenten Sinnstrukturen rekonstruieren kann.

Wer deutet wie die Latenz in der Sinnstruktur? Ich muss ja zuerst beantworten, wie ich allgemein mit Strukturen verfahre, wie sich mir daraus der Sinn erschließt und wer die Methodik definiert und praktikabel macht.

Latente Sinnstrukturen sollen dabei eine eigene Strukturebene der Realität bilden. Die Grundfrage und das Grundproblem lauten dennoch: Wie lassen sich Strukturen optimal rekonstruieren? Gibt es eine einheitliche Regelung für die Deutung von Latenz?

Ein weiteres kleineres Problem ist, dass Strukturen nach Oevermann eine eigene Realität bilden *sui generis* neben Kultur und Natur (Reichertz 1991). Die Frage, die sich hier auftut, ist wie viele Realitäten die objektive Hermeneutik noch fassen möchte? Latenzen in der Sinnstruktur bilden eine Realitätsebene, aber eben auch andere Strukturebenen, noch gar nicht von politischen, sozialen und kulturellen Systemen gesprochen. Die Leistungsfähigkeit der objektiven Hermeneutik wird den Anspruchserwartungen der Methodik an sich selbst nicht gerecht. Dabei bezieht sich die objektive Hermeneutik auf den Begriff der Menge und des Ereignisses. Strukturen sind mehr als Mengengebilde, die sich reproduzieren und transformieren können. Die Überprüfung von Strukturhypothesen ist ein äußerst fehleranfälliger und methodisch bedürftiger Prozess. Objektive Hermeneutik ist in der Position, Strukturen sinnverstehend zu deuten und zu rekonstruieren. Was dieses Verfahren überhaupt nicht zu leisten vermag, ist diese offenen Fragen zu beantworten hinsichtlich

Die objektive Hermeneutik spricht von „Lebenspraxen", dies sind Interaktionsmuster, Personen, Organisationen, und größere Kollektivgebilde wie Nationen. Etwas wird zur Lebenspraxis, wenn es eine Strukturgesetzlichkeit aufweist. Sie muss ein spezifisches Selektionsmuster erkennen lassen, um als Lebenspraxis anerkannt zu werden.

Die Strukturen existieren in der Form, solange Sie sich reproduzieren. Dabei hängen Struktur und Ereignis eng zusammen. Die objektive Hermeneutik fokussiert sich auf Einzelereignisse, aus denen Sie die Strukturen extrahiert (Fallstrukturgeneralisierung).

Eine weitere Problematik besteht im Anspruch der objektiven Hermeneutik, einen Algorithmus rekonstruieren zu können. Diese Mathematisierung sozialer Deutungsmuster ist final nicht möglich. Strukturen ändern sich in verschiedenen Kontexten, hier aber immer eine Gesetzlichkeit ausmachen zu können, schlägt fehl. Die objektive Hermeneutik zieht das Allgemein auszumachende dem Besonderen vor. Sozial geltenden Normalitätserwartungen ist immer der Vorzug einzuräumen, bevor man sich den fallspezifischen Sonderbedingungen widmet. Die Systemtheorie kritisiert an der objektiven Hermeneutik, dass sie kurzfristige Instabilitäten unterschätzt und diese Strukturen nicht hinreichend untersuchen kann (Schneider 2004: 239). Die objektive Hermeneutik setzt oftmals auf Texte und Protokolle, um unsere soziale Welt empirisch zu deuten. Doch nicht alle Strukturen spielen sich in Texten und Protokollierungen ab. Etwas einseitig sucht diese Forschungsmethode ihr Glück in der Textanalyse.

Strukturförmige Kunstlehre?

Schaut man sich die Praxis praktischer objektiv-hermeneutischer Beispiele an, so fällt auf, dass diese nicht den Ansprüchen der objektiven Hermeneutik genügen. Das Schüler-Lehrer-Beispiel macht gewisse Strukturen ausfindig, jedoch bleiben Sie mit einem großen Interpretationsspielraum versehen. Der Lehrer antwortet auf die Antwort des Schülers zur Frage der (nicht-)Gemachten Hausaufgaben, dass es ihm nicht leidtut. Er grenzt sich von dem Schüler ab und antwortet leicht zynisch. Anzumerken bleibt, dass der Lehrer als pädagogische Fachkraft hier keine weitere Nachsicht duldet und den Schüler auch abstraft. Die Frage ist auch hierbei, ob die Rekonstruktion der Bedeutungsstruktur einer textförmigen Passage die abbildungsgetreue Realität trifft und ob die Bedeutungsstruktur „richtig" gelesen ist. Weitere Einflüsse, äußere Faktoren, werden in dieser kurzen Abhandlung nicht offensichtlich.

Die objektiven Hermeneuten können sich in ihrer Interpretation erheblich voneinander unterscheiden und zwar wenn es um Feindifferenzierung der Analyse geht. Letzten Endes ist die Arbeit der objektiven Hermeneutik immer ein Rad, das sich beliebig weiterspinnen lässt. Neue Verästelungen zu rekonstruieren, vielleicht zeichnet das die qualitative Sinngebung in der Methodik aus.

Die Einzelfallstrukturrekonstruktionen sollen sich zu einer generellen Struktur verdichten. Doch umgekehrt verfährt die objektive Hermeneutik nicht. Von generellen Strukturen lässt sich nicht auf den Einzelfall einfach zurückschließen, denn die Generalisierung beinhaltet das Gebilde der Einzelfälle. Gute Forschung bemisst sich aber an der wechselseitigen Nachvollziehbarkeit. In den Beispielen, die online zur objektiven Hermeneutik kursieren, lässt sich diese Problematik oftmals erkennen. Die Methodologie der objektiven Hermeneutik, also das Erklären der theoretischen Grundlagen des Verfahrens, nimmt einen sehr großen Raum ein, während die Explikation in Beispielen das Nachsehen trägt. Wer eine Recherche zur objektiven Hermeneutik mitträgt, der fragt sich, wo die Beispiele und eine über die Erklärung der Methodik hinausgehende Anleitung bleibt. Das Oevermann´sche Monopol auf Deutungshoheit kann nicht der Kern einer sich für objektiv haltenden Methode sein. Die Frage, die aufkommt ist, wie praktikabel sind die verfügbaren Beispiele für den Anspruch der Methode?

Jeder objektive Hermeneut ist dabei schon in gewisse Strukturen geboren, sozialisiert und eingebettet in individuelle Handlungs- und Normensysteme. Er ist aber von der Forschungsschule eingeschränkt und muss diese zurückstellen. Der objektive Hermeneut muss ideologiefrei und unabhängig von der eigenen Sozialisation agieren und ist dazu aufgerufen, die gebildeten Fallstrukturhypothesen falsifizieren zu können.

Strategisch-empirisch oder beliebig?

In den Schriften der objektiven Hermeneutik befinden sich **fünf Varianten** der Textauslegung, die ebenfalls bei kritischer Betrachtung in den Fokus fallen: Bei der summarischen Interpretation, die heute kaum noch Anwendung findet, wird der Text unter Anwendung eines breiten Kontextwissens analysiert (Reichertz 1991: 225). Fein- und Sequenzanalyse bilden bessere und intensivere aber auch aufwendigere Verfahren, da Sie den Text an sich von der inhaltlichen Ebene trennen. Die Variantenvielfalt der objektiven Hermeneutik wird damit gerechtfertigt, dass es eben eine Kunstlehre sei. Die Problematik hierbei ist wiederum, dass die Variantenvielfalt zu methodischen Abstrichen führt. Je nach Projekt, Fragestellung und Forschungsziel steigern sich durch den Wechsel der Verfahren Faktoren wie Geld, Investitionen, Zeit und andere wichtige Größen im Forschungsprozess. Es gilt: Je feiner und analytischer ich arbeiten möchte, desto besser muss ich meine Ressourcen effizient einsetzen können. Doch der Versuch, sich von ideologischen und neurotischen Verblendungen gänzlich freizusprechen, kann sich als Trugschluss erweisen. Objektiv versuchen zu rekonstruieren heißt auch, dass meine Konstruktion Bausteine eigener Ansichten und Einstellungen enthalten kann, da ich niemals völlig wertfrei an einen Gegenstand herangehen kann. Oevermann lässt die Frage offen, wie sich die Normalitätserwartungen bilden sollen und wer darüber entscheidet. Man kann doch nicht davon ausgehen, dass jede*r dieselbe Vorstellung einer gelungenen Textinterpretation aufweist. Normalität ist ein an sich schwieriges Phänomen der Sozialwissenschaften, welche Normalität meint Overmann, wenn er Sie als Erwartungshaltung für sein Verfahren legitimiert? Empirisch vorgehen heißt auch, dass das Verfahren sich an qualitativen Gütekriterien messen lassen muss. Doch wenn Oevermann die Monopol-Stellung seiner Schule behält und anderen die methodische Kompetenz möglicherweise abspricht, so werden Kriterien der Objektivität, Reliabilität und der kommunikativen Validierung verwässert.

Letztlich sei noch der Punkt der Reproduktion und der Transformation von Strukturen kritisch anzumerken: Neu auftretende Strukturen in Texten können die anfängliche Strukturhypothese falsifizieren. Sie können aber auch eine strukturelle Transformation bedeuten. Wie lässt sich dies methodisch korrekt voneinander unterscheiden? Grundlegende Fragen der Definition, wo Reproduktion aufhört und Transformation beginnt müssen expliziert werden. Die objektive Hermeneutik zeigt die Grenzen ihrer eigenen Belastbarkeit auf, wenn es um Engmaschige wissenschaftliche Disziplinierung geht.

Ein Verfahren, dass nur noch auf die Rekonstruktion von Strukturen baut, ist auch keine verstehende Soziologie mehr. Wer sich allein auf Strukturen fixiert, verliert neue Phänomene und Veränderungen völlig aus den Augen. Niemand ist so veranlagt, dass er in feinster Strukturendeutung noch das Wesentliche eloquent herausfiltern kann. Eine „reine" Rekonstruktion von Strukturen ist nicht möglich (Meinefeld in Flick 2000: 271), es war auch nie die Aufgabe oder die Pflicht einer soziologischen Schule, perfekt Gegenstände der Sozialwissenschaften zu rekonstruieren. Die objektive Hermeneutik versucht in vielerlei Hinsicht, über die Möglichkeiten der soziologischen Methodologie hinauszugehen. Im Anspruch möglichst objektiver Bedeutungsanalyse verwirft sich der Grundsatz, dass unsere eigene oftmals selektive Wahrnehmung der Rückbezug aller Deutungsschemata ist (vgl. Schütz 1974). Das Verfahren tut sich schwer, mit gewissen Dingen abzuschließen und verliert sich teilweise in strukturalistischem Methodismus.

Literaturverzeichnis

- Reichertz, Jo (1991): Objektive Hermeneutik. In: Flick, Uwe (Ed.); Kardoff, Ernst von (Ed.); Keupp, Heiner (Ed.); Rosenstiel, Lutz von (Ed.); Wolff, Stephan(Ed.): Handbuch qualitative Sozialforschung: Grundlagen, Konzepte, Methoden und Anwendungen. München: Beltz - Psychologie Verl. Union, 1991. - ISBN 3-621-27105-8, pp. 223-228. URN: http://nbnresolving.de/urn:nbn:de:0168-ssoar-37334
- Wernet, Andreas (2011): "Wann geben Sie uns die Klassenarbeiten wieder?", Uni Kassel. Schulpädagogik. Methode: Objektive Hermeneutik, Fallbeispiel online unter: http://www.fallarchiv.uni-kassel.de/2011/methoden/objektive-hermeneutik/andreas-wernet/wann-geben-sie-uns-die-klassenarbeiten-wieder/
- Lamnek, S. (1989): Band II: Methoden und Techniken in: Qualitative Sozialforschung, Psychologie Verlags Union, München
- Flick, Uwe (2002): Qualitative Sozialforschung: Eine Einführung, Rowohlt Verlag: Reinbek bei Hamburg
- Flick, Uwe (2000): Qualitative Sozialforschung: Ein Handbuch, Rowohlt Verlag: Reinbek bei Hamburg
- Wernet, Andreas (2009): Einführung in die Interpretationstechnik der objektiven Hermeneutik, VS Verlag für Sozialwissenschaft: Wiesbaden, 3. Auflage
- Schütz (1974): Der sinnhafte Aufbau der sozialen Welt: Eine Einleitung in die verstehende Soziologie, Wien: Springer
- Schneider, Wolfgang Ludwig (2004): Die Analyse von Struktursicherungsoperationen als Kooperationsfeld von Konversationsanalyse, objektiver Hermeneutik und Systemtheorie, Springer VS Wiesbaden

BEI GRIN MACHT SICH IHR WISSEN BEZAHLT

- Wir veröffentlichen Ihre Hausarbeit, Bachelor- und Masterarbeit

- Ihr eigenes eBook und Buch - weltweit in allen wichtigen Shops

- Verdienen Sie an jedem Verkauf

Jetzt bei www.GRIN.com hochladen und kostenlos publizieren